"나의 사랑 너는 어여쁘고
아무 흠이 없구나"

아가 4:7

존경하는 _____ 님께

_____ 드림

이름 _____

교회 _____

전화번호 _____

내 글씨 믿음고백 −구원의 확신 편

엮은이 | 편집부
초판 발행 | 2023. 2. 22.
등록번호 | 제1988-000080호
등록된 곳 | 서울특별시 용산구 서빙고로65길 38
발행처 | 사단법인 두란노서원
영업부 | 2078-3352   FAX | 080-749-3705
출판부 | 2078-3331

책값은 뒤표지에 있습니다.
ISBN 978-89-531-4424-8 04230
       978-89-531-4425-5 04230 (세트)

독자의 의견을 기다립니다.
tpress@duranno.com   www.duranno.com

두란노서원은 바울 사도가 3차 전도여행 때 에베소에서 성령 받은 제자들을 따로 세워 하나님의 말씀으로 양육
하던 장소입니다. 사도행전 19장 8-20절의 정신에 따라 첫째 목회자를 돕는 사역과 평신도를 훈련시키는 사역,
둘째 세계선교(TIM)와 문서선교(단행본·잡지) 사역, 셋째 예수문화 및 경배와 찬양 사역, 그리고 가정·상담 사역 등을
감당하고 있습니다. 1980년 12월 22일에 창립된 두란노서원은 주님 오실 때까지 이 사역들을 계속할 것입니다.

디자인 | 윤보람
감수 | 한선희 목사

* 서체의 일부분은 칠곡할매글꼴을 사용하여 디자인했습니다.

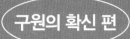

자녀에게 물려주고 싶은
Writing

내
글
씨
믿
음
고
백

두란노

목차

1. 내가 아는 하나님은 어떤 분인가요? • 11

창조주 하나님 | 전능하신 하나님 | 거룩하신 하나님 | 신실하신 하나님 | 사랑이신 하나님 | 자비하신 하나님 | 공의로우신 하나님

2. 내가 아는 예수님은 어떤 분인가요? • 31

말씀이신 예수님 | 세상의 빛이신 예수님 | 길과 진리이신 예수님 | 선한 목자이신 예수님 | 구세주이신 예수님 | 부활 생명이신 예수님 | 하나님나라를 알려 주시는 예수님

3. 내가 아는 성령님은 어떤 분인가요? • 51

말씀하시는 성령님 | 기도를 가르쳐 주시는 성령님 | 진리로 인도하시는 성령님 | 도와주시는 보혜사 | 소망을 주시는 성령님 | 자유를 주시는 성령님 | 잘못을 꾸짖는 성령님 | 성령의 열매 | 성령의 은사

4. '죄인 죄인' 하는데 내가 왜 죄인인가요? • 73

세상에 들어온 죄 | 죄를 좇는 인간의 본성 | 하나님의 원수 | 죄의 결과

5. 하나님은 왜 예수님을 보내셨나요? • 91

죄를 사해 주시려고 | 구원을 주시려고 | 하나님을 나타내시려고 | 풍성한 삶을 주시려고 | 병든 자를 고치시려고 | 마귀의 권세를 멸하기 위해

6. 예수님이 지신 십자가는 무슨 의미인가요? • 109

십자가는 하나님의 능력이다 | 십자가는 화목하게 한다 | 십자가는 생명이다 | 십자가는 사랑이다 | 십자가는 승리다

7. 믿음이 하는 일은 무엇인가요? • 123

구원을 얻게 한다 | 병에서 건진다 | 세상을 이긴다 | 살아있는 믿음

* 주기도문 쓰기 • 136

신앙생활을 오래 하다 보면 타성에 젖어 길을 잃을 때가 있습니다.
처음엔 설레는 마음으로 신앙생활을 시작하지만 점점 마음이 건조
해지고 형식적인 신앙인이 되어 버리곤 합니다. 하나님을 잘 안다
고 생각했지만, 하나님이 어떤 분이신지 말하려 하면 잘 생각나지
않아 우물쭈물하게 되곤 하지요. 새신자는 어떻습니까? 하나님이
누구신지, 구원이 무엇인지 알고 싶지만 속시원한 답을 얻기 어렵
습니다.

답을 얻으려면 성경말씀을 알아야 합니다. 하나님은 말씀으로 알려
주시기 때문입니다. 말씀의 길을 따라가야 헤매지 않고 목적지에
잘 도착할 수 있습니다.

이 책은 하나님이 어떤 분이신지에서부터 죄의 문제와 믿음, 구원
등에 관한 성경 말씀을 담았습니다. 특히 인생의 황혼기에 접어든
시니어들이 믿음을 굳건히 하고 구원의 확신을 갖게 하는 데 초점
을 맞추었습니다.

한 자 한 자 쓰다 보면, 막연히 좋은 분 정도로만 생각했던 하나님이 어떤 분인지 분명히 알 수 있습니다. 또한 하나님이 아들 예수님을 보내 우리를 어떻게 구원하셨는지, 성령님이 우리를 어떻게 도와주시는지 명쾌하게 깨달을 수 있습니다.

내 글씨로 또박또박 써봄으로써 신앙을 다시 점검하고 믿음의 고백을 하게 되기를 바랍니다. 말씀을 쓴 후에는 녹음을 하시기를 권합니다. 자녀에게 물려주는 최고의 유산은 신앙입니다. 부모의 목소리로 녹음된 말씀이 자녀들의 심령을 깨우고 주께로 돌이키게 할 것이라 믿습니다.

머리에 흰머리가 늘어나고 육신은 점점 쇠해지지만 말씀을 통해 영은 날로 새로워지고 젊은이처럼 강건하기를 기도합니다.

이 책 활용법

○ 하나님은 어르신 여러분에게
　구원을 선물로 주기 원하세요.
　말씀을 쓰면서 하나님의 사랑을 느끼고
　구원의 확신에 이르기를 소망합니다.

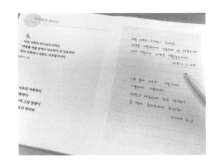

○ 말씀을 한 번만 써도 좋지만
　두 번, 세 번 쓰면
　더욱 좋아요.
　반복하여 쓰면서 말씀을 오롯이
　내 것으로 만들어 보세요.

○ 말씀을 쓴 후 녹음하여
  자녀 혹은 손주들에게
  어르신의 목소리를 남겨 보세요.
  대대손손 훌륭한
  신앙 유산이 될 것입니다.
  스마트폰에 있는 녹음 기능을
  활용해 보세요.

○ 교회에서 새신자 양육 교재,
  시니어 소그룹 교재로
  활용하시면 더욱 좋습니다.

내가 만난 하나님은?

거룩하신 분

전능하신 분

사랑이신 분

심판하시는 분

그리고….

1

내가 아는
하나님은
어떤 분인가요?

내가 가만히 있지 않고 끝까지 마음으로 주를 찬양하겠습니다.
오 여호와 내 하나님이여, 내가 영원히 주께 감사를 드립니다.

시편 30:12, 우리말성경

창조주 하나님

• 말씀을 쓴 후 내 목소리로 녹음해 보세요.

태초에 하나님이 천지를 창조하시니라

창세기 1:1

오직 주는 여호와시라
하늘과 하늘들의 하늘과
일월성신과 땅과 땅 위의 만물과 바다와
그 가운데 모든 것을 지으시고 다 보존하시오니
모든 천군이 주께 경배하나이다

느헤미야 9:6

전능하신 하나님

오직 우리 하나님은 하늘에 계셔서
원하시는 모든 것을 행하셨나이다

시편 115:3

전능하신 이 여호와 하나님께서 말씀하사
해 돋는 데서부터 지는 데까지
세상을 부르셨도다

시편 50:1

거룩하신 하나님

나는 너희의 하나님이 되려고
너희를 애굽 땅에서 인도하여 낸 여호와라
내가 거룩하니 너희도 거룩할지어다

레위기 11:45

서로 불러 이르되 거룩하다
거룩하다 거룩하다
만군의 여호와여 그의 영광이
온 땅에 충만하도다 하더라

이사야 6:3

신실하신 하나님

그런즉 너는 알라 오직 네 하나님 여호와는
하나님이시요 신실하신 하나님이시라
그를 사랑하고 그의 계명을 지키는 자에게는
천 대까지 그의 언약을 이행하시며
인애를 베푸시되

신명기 7:9

여호와는 선하시니 그의 인자하심이 영원하고
그의 성실하심이 대대에 이르리로다

시편 100:5

사랑이신 하나님

하나님이 우리를 사랑하시는 사랑을
우리가 알고 믿었노니 하나님은 사랑이시라
사랑 안에 거하는 자는 하나님 안에 거하고
하나님도 그의 안에 거하시느니라

요한일서 4:16

너의 하나님 여호와가 너의 가운데에 계시니
그는 구원을 베푸실 전능자이시라
그가 너로 말미암아 기쁨을 이기지 못하시며
너를 잠잠히 사랑하시며 너로 말미암아
즐거이 부르며 기뻐하시리라 하리라

스바냐 3:17

자비하신 하나님

여호와께서 그의 앞으로 지나시며 선포하시되
여호와라 여호와라 자비롭고 은혜롭고
노하기를 더디하고 인자와 진실이 많은 하나님이라

출애굽기 34:6

자비로운 자에게는
주의 자비로우심을 나타내시며
완전한 자에게는 주의 완전하심을 보이시며

시편 18:25

공의로우신 하나님

●

하늘이 그의 공의를 선포하리니
하나님 그는 심판장이심이로다

시편 50:6

●

하나님이 어찌 정의를 굽게 하시겠으며
전능하신 이가 어찌 공의를 굽게 하시겠는가

욥기 8:3

마음을 다해 드리는 기도

하나님 아버지,

하나님은 창조주이시고, 전능하시고,

거룩하시고, 신실하시고, 사랑이시고,

자비하신 분인 줄 믿고 고백합니다.

또한 하나님은 공의의 하나님이셔서

불의를 심판하시는 분이십니다.

하나님을 찬양합니다.

하나님을 사랑합니다.

예수님의 이름으로 기도합니다.

아멘.

 짧은 글 깊은 묵상

하나님의 집을 찾아 그분을 예배하는 일, 이 일이 평생에 양보할 수 없는 우선순위의 습관이 되게 하십시오. 예배는 성도의 기본 동작입니다.

– 이동원 목사

누구라서 나이들지 않을까요.

또한 누구라서 언제나 젊음으로 살겠습니까.

우리는 모두 나이들 수밖에 없습니다.

영원히 젊게 사는 비결이란 그 어디에도 없습니다.

다만, 나이듦의 시간은 예수 그리스도께로 가는 길목과

맞닿아 있다는 역사적 인식을 가지고

우리 나이에 맞게 사는 지혜가 필요합니다.

소망을 가슴에 품고 살자는 말입니다.

비록 부침(浮沈)이 많은 인생이지만

사랑하는 내 주 그리스도를 뵈올 날을 기다리며

영원을 사모하는 마음으로 끝까지 한 걸음 한 걸음을 떼는

백발의 노인들이 많아질 때,

조국의 저녁 하늘은 더욱 아름다운 황혼으로 물들 것입니다.

-김동길, 《나이듦이 고맙다》

예수님…

길이요 진리이신 분

선한 목자이시고

부활 생명이신 분

목숨을 버리기까지 나를 사랑하신 분

2

내가 아는
예수님은
어떤 분인가요?

내 평안을 너희에게 준다. 내가 주는 평안은 세상이 주는 것과
같지 않다. 너희는 마음에 근심하지 말고 두려워하지 말라.

요한복음 14:27, 우리말 성경

말씀이신 예수님

● 말씀을 쓴 후 내 목소리로 녹음해 보세요.

태초에 말씀이 계시니라

이 말씀이 하나님과 함께 계셨으니

이 말씀은 곧 하나님이시니라

그가 태초에 하나님과 함께 계셨고

만물이 그로 말미암아 지은 바 되었으니

지은 것이 하나도

그가 없이는 된 것이 없느니라

요한복음 1:1-3

세상의 빛이신 예수님

나는 빛으로 세상에 왔나니
무릇 나를 믿는 자로
어둠에 거하지 않게 하려 함이로라

요한복음 12:46

예수께서 또 말씀하여 이르시되
나는 세상의 빛이니
나를 따르는 자는
어둠에 다니지 아니하고
생명의 빛을 얻으리라

요한복음 8:12

길과 진리이신 예수님

예수께서 이르시되
내가 곧 길이요 진리요 생명이니
나로 말미암지 않고는
아버지께로 올 자가 없느니라

요한복음 14:6

말씀이 육신이 되어 우리 가운데 거하시매
우리가 그의 영광을 보니
아버지의 독생자의 영광이요
은혜와 진리가 충만하더라

요한복음 1:14

선한 목자이신 예수님

나는 선한 목자라 선한 목자는
양들을 위하여 목숨을 버리거니와

요한복음 10:11

이는 보좌 가운데에 계신 어린양이
그들의 목자가 되사
생명수 샘으로 인도하시고
하나님께서 그들의 눈에서
모든 눈물을 씻어 주실 것임이라

요한계시록 7:17

구세주이신 예수님

인자가 온 것은 섬김을 받으려 함이 아니라
도리어 섬기려 하고 자기 목숨을
많은 사람의 대속물로 주려 함이니라

마가복음 10:45

이제는 우리 구주 그리스도 예수의
나타나심으로 말미암아 나타났으니
그는 사망을 폐하시고 복음으로써
생명과 썩지 아니할 것을 드러내신지라

디모데후서 1:10

구세주이신 예수님

하나님이 세상을 이처럼 사랑하사
독생자를 주셨으니 이는 그를 믿는 자마다
멸망하지 않고 영생을 얻게 하려 하심이라

요한복음 3:16

영접하는 자 곧 그 이름을 믿는 자들에게는
하나님의 자녀가 되는 권세를 주셨으니

요한복음 1:12

부활 생명이신 예수님

●

예수께서 이르시되 나는 부활이요 생명이니
나를 믿는 자는 죽어도 살겠고
무릇 살아서 나를 믿는 자는
영원히 죽지 아니하리니 이것을 네가 믿느냐

요한복음 11:25-26

●

내가 진실로 진실로 너희에게 이르노니
내 말을 듣고 또 나 보내신 이를 믿는 자는
영생을 얻었고 심판에 이르지 아니하나니
사망에서 생명으로 옮겼느니라

요한복음 5:24

하나님나라를 알려 주시는 예수님

천국은 마치 밭에 감추인 보화와 같으니
사람이 이를 발견한 후 숨겨 두고
기뻐하며 돌아가서 자기의 소유를 다 팔아
그 밭을 사느니라

마태복음 13:44

나더러 주여 주여 하는 자마다
다 천국에 들어갈 것이 아니요
다만 하늘에 계신 내 아버지의 뜻대로
행하는 자라야 들어가리라

마태복음 7:21

하나님 아버지,
예수님은 말씀이시요,
선한 목자요, 길과 진리요,
세상의 빛이신 줄 믿고 고백합니다.
또한 예수님이 저의 죄를 대속하시려
십자가에서 죽으시고
부활하신 것을 믿습니다.
죄와 사망에서 건져
생명을 주신 하나님을 찬양합니다.
예수님의 이름으로 기도합니다.
아멘.

 짧은 글 깊은 묵상

예수님은 우리의 모든 죄와 질병, 절망, 공허함, 비참함을
가슴에 품고 우리를 구원하고 죽으셨습니다.
그래서 우리가 다시 살아난 것입니다. **– 하용조 목사**

나는 두 친구와 함께 80이 넘도록 살아왔는데,

계란 노른자에 해당하는 가장 행복하고 소중했던

인생의 황금기가 언제였던가를 화제에 올려 보았다.

우리가 얻은 결론은 60에서 75세까지였다는 공감대였다.

50부터인가 하고 생각해 보았으나

그 기간에는 일은 열심히 했으나

아직 인간적인 미숙함이 많았다는 점을 고려했다.

그래도 60이 되면서부터는 내가 나를 믿을 수 있어,

지도자의 품격을 갖출 수도 있고, 사회인으로서의 자신감도

갖게 되었기 때문이라고 생각했다.

그리고 60부터 75세쯤까지는 모든 면에서

성장을 계속할 수 있는 나이였던 것 같다.

만일 누군가가 나에게 언제쯤이 가장 좋은 나이였는가 하고

물으면, 75세 정도였다고 대답할 것이다.

－김형석, 《선하고 아름다운 삶을 위하여》

성령님…

위로하시는 분

말씀을 생각나게 하시는 분

소망을 주시는 분

나를 도와주시는 분

3

내가 아는
성령님은
어떤 분인가요?

하나님의 나라는 먹고 마시는 것이 아니라
성령 안에서 의와 평강과 기쁨입니다.

로마서 14:17, 우리말 성경

말씀하시는 성령님

● 말씀을 쓴 후 내 목소리로 녹음해 보세요.

보혜사 곧 아버지께서 내 이름으로 보내실
성령 그가 너희에게 모든 것을 가르치고
내가 너희에게 말한 모든 것을 생각나게 하리라

요한복음 14:26

너희를 넘겨 줄 때에 어떻게 또는
무엇을 말할까 염려하지 말라
그때에 너희에게 할 말을 주시리니
말하는 이는 너희가 아니라
너희 속에서 말씀하시는 이
곧 너희 아버지의 성령이시니라

마태복음 10:19-20

기도를 가르쳐 주시는 성령님

이와 같이 성령도 우리의 연약함을 도우시나니
우리는 마땅히 기도할 바를 알지 못하나
오직 성령이 말할 수 없는 탄식으로
우리를 위하여 친히 간구하시느니라
마음을 살피시는 이가 성령의 생각을 아시나니
이는 성령이 하나님의 뜻대로
성도를 위하여 간구하심이니라

로마서 8:26-27

진리로 인도하시는 성령님

그러나 진리의 성령이 오시면 그가 너희를
모든 진리 가운데로 인도하시리니
그가 스스로 말하지 않고 오직 들은 것을 말하며
장래 일을 너희에게 알리시리라

요한복음 16:13

우리가 세상의 영을 받지 아니하고
오직 하나님으로부터 온 영을 받았으니
이는 우리로 하여금 하나님께서 우리에게
은혜로 주신 것들을 알게 하려 하심이라

고린도전서 2:12

도와주시는 보혜사

내가 아버지께 구하겠으니

그가 또 다른 보혜사를 너희에게 주사

영원토록 너희와 함께 있게 하리니

그는 진리의 영이라

세상은 능히 그를 받지 못하나니

이는 그를 보지도 못하고 알지도 못함이라

그러나 너희는 그를 아나니

그는 너희와 함께 거하심이요

또 너희 속에 계시겠음이라

요한복음 14:16-17

소망을 주시는 성령님

소망의 하나님이 모든 기쁨과 평강을
믿음 안에서 너희에게 충만하게 하사
성령의 능력으로 소망이 넘치게 하시기를 원하노라

로마서 15:13

그 후에 내가 내 영을 만민에게 부어 주리니
너희 자녀들이 장래 일을 말할 것이며
너희 늙은이는 꿈을 꾸며
너희 젊은이는 이상을 볼 것이며

요엘 2:28

자유를 주시는 성령님

주는 영이시니 주의 영이 계신 곳에는
자유가 있느니라

고린도후서 3:17

잘못을 꾸짖는 성령님

그가 와서 죄에 대하여, 의에 대하여,
심판에 대하여 세상을 책망하시리라

요한복음 16:8

성령의 열매

오직 성령의 열매는 사랑과 희락과 화평과
오래 참음과 자비와 양선과 충성과 온유와 절제니
이같은 것을 금지할 법이 없느니라

갈라디아서 5:22-23

성령의 은사

어떤 사람에게는 성령으로 말미암아 지혜의 말씀을,

어떤 사람에게는 같은 성령을 따라 지식의 말씀을,

다른 사람에게는 같은 성령으로 믿음을,

어떤 사람에게는 한 성령으로 병 고치는 은사를,

어떤 사람에게는 능력 행함을,

어떤 사람에게는 예언함을,

어떤 사람에게는 영들 분별함을,

다른 사람에게는 각종 방언 말함을,

어떤 사람에게는 방언들 통역함을 주시나니

이 모든 일은 같은 한 성령이 행하사

그의 뜻대로 각 사람에게 나누어 주시는 것이니라

고린도전서 12:8-11

하나님 아버지,

보혜사 성령님을 보내주셔서

우리를 인도하시고 이끌어 주시니 감사합니다.

성령님은 가르치시고, 진리로 인도하시며,

소망을 주시고,

잘못을 책망하시는 분인 줄 알았습니다.

항상 성령님의 인도하심에

순종하도록 인도해 주세요.

예수님의 이름으로 기도합니다.

아멘.

 짧은 글 깊은 묵상

우리가 자라고 자라 진정으로 성숙한 노인이 되려면, 내 힘만을 의지하여
악착같이 살아왔던 생활을 내려놓고, 겸허히 하나님께 나아가 그분만을
붙드는 순간을 지나와야만 합니다.　　　**– 김동길 교수**

남양주 매그너스요양병원 내과과장 한원주 권사는
94세(2020년) 나이로 소천하기 두 주 전까지 환자를 진료했다.
오전 9시에 출근해서 하루 20여 명의 환자를 진료했다.
"아무리 나이가 들어도 예쁘게 보이고 싶은 욕구가 있어야
건강하다는 증거"라며 눈썹을 그리고 립스틱을 바르고
출근했다고 한다.
한 권사는 인터뷰에서 "할 수 있는 때까지 일하다
하나님이 부르면 언제든지 '네, 갑니다' 하고
달려갈 것"이라고 말했다. 그러면서 기자에게
이 말을 꼭 써 달라고 했다.
"나이는 정말 숫자에 불과해요. 살아 있는 동안 기쁘게 살며
내 할 일을 할 겁니다."
한 권사가 별세 전 가족과 직원들에게 마지막으로 남긴 말은
"힘내" "가을이다" "사랑해" 세 마디였다.

－강정훈, 《갈렙처럼 온전하게》

무릇 시온에서 슬퍼하는 자에게
화관을 주어 그 재를 대신하며
기쁨의 기름으로 그 슬픔을 대신하며
찬송의 옷으로 그 근심을 대신하시고

이사야 61:3

• 좋아하는 색으로 꽃을 칠해 보세요.

죄인?

착하게 살았는데... 왜요?

남을 도우며 살았는데... 왜요?

양보를 많이 했는데... 왜요?

4

'죄인 죄인' 하는데
내가 왜
죄인인가요?

아, 나는 비참한 사람입니다!

이 사망의 몸에서 누가 나를 구해 내겠습니까?

로마서 7:24, 우리말성경

세상에 들어온 죄

● 말씀을 쓴 후 내 목소리로 녹음해 보세요.

그러므로 한 사람으로 말미암아
죄가 세상에 들어오고
죄로 말미암아 사망이 들어왔나니
이와 같이 모든 사람이 죄를 지었으므로
사망이 모든 사람에게 이르렀느니라

로마서 5:12

모든 사람이 죄를 범하였으매
하나님의 영광에 이르지 못하더니

로마서 3:23

세상에 들어온 죄

아담 안에서 모든 사람이 죽은 것같이
그리스도 안에서 모든 사람이 삶을 얻으리라

고린도전서 15:22

깨닫는 자도 없고 하나님을 찾는 자도 없고
다 치우쳐 함께 무익하게 되고
선을 행하는 자는 없나니 하나도 없도다

로마서 3:11-12

죄를 좇는 인간의 본성

여호와께서 사람의 죄악이 세상에 가득함과
그의 마음으로 생각하는 모든 계획이
항상 악할 뿐임을 보시고 땅 위에
사람 지으셨음을 한탄하사 마음에 근심하시고

창세기 6:5-6

그때에 너희는 그 가운데서 행하여
이 세상 풍조를 따르고 공중의 권세 잡은 자를
따랐으니 곧 지금 불순종의 아들들 가운데서
역사하는 영이라

에베소서 2:2

죄를 좇는 인간의 본성

육신을 따르는 자는 육신의 일을,
영을 따르는 자는 영의 일을 생각하나니
육신의 생각은 사망이요
영의 생각은 생명과 평안이니라

로마서 8:5-6

그러므로 사람이 선을 행할 줄 알고도
행하지 아니하면 죄니라

야고보서 4:17

하나님의 원수

간음한 여인들아 세상과 벗된 것이
하나님과 원수 됨을 알지 못하느냐
그런즉 누구든지 세상과 벗이 되고자 하는 자는
스스로 하나님과 원수 되는 것이니라

야고보서 4:4

육신의 생각은 하나님과 원수가 되나니
이는 하나님의 법에 굴복하지 아니할 뿐 아니라
할 수도 없음이라 육신에 있는 자들은
하나님을 기쁘시게 할 수 없느니라

로마서 8:7-8

죄의 결과

죄의 삯은 사망이요
하나님의 은사는 그리스도 예수
우리 주 안에 있는 영생이니라

로마서 6:23

예수께서 대답하시되
진실로 진실로 너희에게 이르노니
죄를 범하는 자마다 죄의 종이라

요한복음 8:34

하나님 아버지,

아담의 불순종으로 죄가 세상에 들어와

하나님을 떠나게 되었습니다. 죄의 결과는 사망이고,

하나님과 원수되는 것인 줄 알게 되었습니다.

그 결과 사람은 불안과 두려움에 떨고

죽음에 이르게 되었습니다.

이런 우리를 불쌍히 여기사 예수 그리스도를 대속물로

이 땅에 보내주심을 감사합니다.

하나님의 사랑을 늘 기억하고 자녀로서

합당한 삶을 살게 하옵소서.

예수님의 이름으로 기도합니다.

아멘.

 짧은 글 깊은 묵상

참된 그리스도인이 되려면 자신이 잘한 일들의 동기까지 회개해야 한다.
바리새인은 죄만 회개하지만 그리스도인은 자신의 의의 뿌리까지 회개한다.
- 팀 켈러 목사

세월 앞에 장사 없다고 저도 귀밑에 내린 서리를 가리기 위해

염색을 합니다. 늘어 가는 얼굴의 주름, 반면에 줄어 가는

머리숱을 생각하면 거울 보기가 무섭지만

오히려 거울 앞에서 더 많은 시간을 보내게 됩니다.

육신의 나이를 막을 수 없지만,

신앙 안에서 거듭나 연륜이 쌓여 가는 변화도 막을 수 없습니다.

은혜를 받으면 얼굴이 변한다고 합니다.

무서운 얼굴이 착한 얼굴이 됩니다.

무표정한 얼굴에 미소의 선이 그려지기 시작합니다.

주름이 아니라 예술적인 선이 그려지는 것이지요.

죄의 얼룩이 남아 있는 뺀질이의 주름을 펴 주는

은혜의 보톡스가 회개의 눈물과 감사의 눈물입니다.

예배할 때 눈물이 있으면 죄를 씻는 은혜로

계속 반짝일 수 있습니다.

하나님의 말씀은 오늘도 우리의 주름을 다림질합니다.

-김한요, 《일기에 남기고 싶은 시간》

왜 예수님을 보내셨나요?

사랑하기에

생명을 주고 싶기에

살리기 위해

치유하시기 위해

그리고 함께하기 위해

5

하나님은 왜
예수님을
보내셨나요?

보십시오. 지금은 은혜받을 만한 때요,
지금은 구원의 날입니다.

고린도후서 6:2, 우리말성경

죄를 사해 주시려고

● 말씀을 쓴 후 내 목소리로 녹음해 보세요.

그리스도께서 하나님 곧

우리 아버지의 뜻을 따라

이 악한 세대에서 우리를 건지시려고

우리 죄를 대속하기 위하여 자기 몸을 주셨으니

갈라디아서 1:4

내가 내 마음을 정하게 하였다

내 죄를 깨끗하게 하였다 할 자가 누구냐

잠언 20:9

죄를 사해 주시려고

우리는 그리스도 안에서
그의 은혜의 풍성함을 따라
그의 피로 말미암아 속량
곧 죄 사함을 받았느니라

에베소서 1:7

이것은 죄 사함을 얻게 하려고
많은 사람을 위하여 흘리는 바
나의 피 곧 언약의 피니라

마태복음 26:28

구원을 주시려고

하나님이 그 아들을 세상에 보내신 것은
세상을 심판하려 하심이 아니요
그로 말미암아 세상이 구원을 받게 하려 하심이라

요한복음 3:17

하나님이 우리를 세우심은
노하심에 이르게 하심이 아니요
오직 우리 주 예수 그리스도로 말미암아
구원을 받게 하심이라

데살로니가전서 5:9

하나님을 나타내시려고

본래 하나님을 본 사람이 없으되
아버지 품 속에 있는
독생하신 하나님이 나타내셨느니라

요한복음 1:18

영생은 곧 유일하신 참 하나님과
그가 보내신 자
예수 그리스도를 아는 것이니이다

요한복음 17:3

풍성한 삶을 주시려고

우리 구주 예수 그리스도로 말미암아
우리에게 그 성령을 풍성히 부어 주사
우리로 그의 은혜를 힘입어 의롭다 하심을 얻어
영생의 소망을 따라 상속자가 되게 하려 하심이라

디도서 3:6-7

도둑이 오는 것은 도둑질하고 죽이고
멸망시키려는 것뿐이요 내가 온 것은 양으로
생명을 얻게 하고 더 풍성히 얻게 하려는 것이라

요한복음 10:10

병든 자를 고치시려고

예수께서 나오사 큰 무리를 보시고
불쌍히 여기사 그 중에 있는
병자를 고쳐 주시니라

마태복음 14:14

마침 그때에 예수께서 질병과 고통과 및
악귀 들린 자를 많이 고치시며
또 많은 맹인을 보게 하신지라

누가복음 7:21

마귀의 권세를 멸하기 위해

죄를 짓는 자는 마귀에게 속하나니
마귀는 처음부터 범죄함이라
하나님의 아들이 나타나신 것은
마귀의 일을 멸하려 하심이라

요한일서 3:8

자녀들은 혈과 육에 속하였으매 그도 또한
같은 모양으로 혈과 육을 함께 지니심은
죽음을 통하여 죽음의 세력을 잡은 자
곧 마귀를 멸하시며 또 죽기를 무서워하므로
한평생 매여 종 노릇 하는 모든 자들을
놓아 주려 하심이니

히브리서 2:14-15

마음을 다해 드리는 기도

하나님 아버지,
볼품없는 저를 자녀로 삼기 위해
아들 예수님을 보내주셔서 감사합니다.
병을 치유하고, 생명을 주고,
풍성한 삶을 누리게 하시는
놀라운 사랑에 감동합니다.
하나님 아버지와 친밀히 교제하고
천국을 소망하며 살게 하옵소서.
예수님의 이름으로 기도합니다.
아멘.

 짧은 글 깊은 묵상

받은 은혜를 다른 사람에게로 흘려보내는 인생이 되어야 합니다.
흘려보낼 곳을 정하고 은혜를 구하는 것이 건강한 신앙입니다.
- 이규현 목사

사람들은 자꾸 만날수록 친해집니다.

만나서 서로 대화를 나누다 보면 더 친해집니다.

미운 정, 고운 정 다 들게 됩니다.

만나서 늘 아주 중요하고 심각한 이야기만 하는 것이

아니잖습니까? 살아가는 이야기, 시시콜콜한 이야기도 하지요.

그러나 그런 대화를 통해서 친구가 되면 어려운 이야기도

쉽게 하게 됩니다. 힘든 일이 있으면 도와주게 됩니다.

하나님과도 마찬가지입니다.

하나님께 기도하면서 자꾸 만나면 친해집니다.

친하게 되면 많은 말을 하지 않아도

상대방의 마음을 알게 됩니다.

하나님과 자주 만나 이야기를 나누는 것이 중요합니다.

-라준석, 《친밀함》

십자가는 무엇인가?

하나님의 지혜

세상을 이기는 강력

승리의 깃발

지극히 크신 하나님의 사랑

6

예수님이 지신
십자가는
무슨 의미인가요?

나는 그리스도와 함께 십자가에 못 박혔습니다.
그러므로 이제 더 이상 내가 사는 것이 아니라
내 안에 그리스도께서 사시는 것입니다.
갈라디아서 2:20, 우리말성경

십자가는 하나님의 능력이다

● 말씀을 쓴 후 내 목소리로 녹음해 보세요.

십자가의 도가 멸망하는 자들에게는
미련한 것이요 구원을 받는 우리에게는
하나님의 능력이라

고린도전서 1:18

그리스도께서 약하심으로
십자가에 못 박히셨으나 하나님의 능력으로
살아 계시니 우리도 그 안에서 약하나
너희에게 대하여 하나님의 능력으로
그와 함께 살리라

고린도후서 13:4

십자가는 화목하게 한다

또 십자가로 이 둘을 한 몸으로
하나님과 화목하게 하려 하심이라
원수 된 것을 십자가로 소멸하시고

에베소서 2:16

그의 십자가의 피로 화평을 이루사
만물 곧 땅에 있는 것들이나
하늘에 있는 것들이 그로 말미암아
자기와 화목하게 되기를 기뻐하심이라

골로새서 1:20

십자가는 생명이다

우리가 항상 예수의 죽음을 몸에 짊어짐은
예수의 생명이 또한 우리 몸에
나타나게 하려 함이라

고린도후서 4:10

육체의 생명은 피에 있음이라
내가 이 피를 너희에게 주어 제단에 뿌려
너희의 생명을 위하여 속죄하게 하였나니
생명이 피에 있으므로 피가 죄를 속하느니라

레위기 17:11

십자가는 사랑이다

하나님의 사랑이
우리에게 이렇게 나타난 바 되었으니
하나님이 자기의 독생자를
세상에 보내심은 그로 말미암아
우리를 살리려 하심이라
사랑은 여기 있으니
우리가 하나님을 사랑한 것이 아니요
하나님이 우리를 사랑하사
우리 죄를 속하기 위하여 화목 제물로
그 아들을 보내셨음이라

요한일서 4:9-10

십자가는 승리다

우리를 거스르고 불리하게 하는 법조문으로
쓴 증서를 지우시고 제하여 버리사
십자가에 못 박으시고
통치자들과 권세들을
무력화하여 드러내어
구경거리로 삼으시고
십자가로 그들을 이기셨느니라

골로새서 2:14-15

마음을 다해 드리는 기도

✦

하나님 아버지,
십자가는 하나님의 지혜요
능력임을 알게 되었습니다.
십자가는 하나님과 우리를 화목하게 하고,
생명을 주며, 우리에게 향하신
하나님의 지극히 크신 사랑인 것을 감사합니다.
십자가로 세상 지혜를 이기신 주님을 찬양합니다.
예수님의 이름으로 기도합니다.
아멘.

 짧은 글 깊은 묵상

예수님의 죽음이 곧 나의 죽음이고, 예수님의 부활이 곧 나의 부활입니다.
그래서 십자가의 삶은 이성이 아니라 믿음입니다.
- 하용조 목사

십자가의 피는 죄 사함의 축복을 말해 줍니다.

십자가의 피는 하나님이 네 죄를 용서해 줄 준비가

이미 되었다고 알려 줍니다.

뿌려진 피가 이것을 증명합니다.

"너의 죄 값이 이미 치루어졌노라. 내 말에 귀 기울이라.

내가 십자가에 달림은 바로 죄에 대한 형벌 때문이다.

뿌려진 피가 말하는 것이 네 죄가 사함받아야만 하며

하나님과 화목하게 되기 위해서라고 증언한다"라고 말합니다.

죄 씻음이 여기에 있습니다. 우리의 수치가 드러나고

잘못과 허물이 발견되고 또 사악한 모습이 보여질 때,

다음과 같은 교훈을 얻게 됩니다.

샘물과 같은 보혈은 임마누엘 피로다.

이 샘에 죄를 씻으면 정하게 되겠네.

저 도적 회개하고서 이 샘에 씻었네.

저 도적 같은 이 몸도 죄 씻음 받았네. (윌리엄 쿠퍼)

－마틴 로이드 존스, 《십자가》

믿음…

하나님을 향한 신뢰, 사랑, 순종

하나님의 말씀을 확신하며
말씀으로 내 삶이 변화되는 것

어떤 어려움에도 하나님의 약속을
신뢰하며 평안한 것

7

믿음이 하는
일은
무엇인가요?

내가 가진 의는 율법에서 난 의가 아니요,
그리스도를 믿음으로써 얻는 의, 곧 믿음으로 인해
하나님께로서 난 의입니다.

빌립보서 3:9, 우리말성경

구원을 얻게 한다

● 말씀을 쓴 후 내 목소리로 녹음해 보세요.

예수를 너희가 보지 못하였으나 사랑하는도다
이제도 보지 못하나 믿고 말할 수 없는
영광스러운 즐거움으로 기뻐하니
믿음의 결국 곧 영혼의 구원을 받음이라

베드로전서 1:8-9

너희는 그 은혜에 의하여
믿음으로 말미암아 구원을 받았으니
이것은 너희에게서 난 것이 아니요
하나님의 선물이라

에베소서 2:8

구원을 얻게 한다

이르되 주 예수를 믿으라
그리하면 너와 네 집이 구원을 받으리라 하고

사도행전 16:31

복음에는 하나님의 의가 나타나서
믿음으로 믿음에 이르게 하나니
기록된 바 오직 의인은 믿음으로
말미암아 살리라 함과 같으니라

로마서 1:17

병에서 건진다

믿음의 기도는 병든 자를 구원하리니
주께서 그를 일으키시리라
혹시 죄를 범하였을지라도 사하심을 받으리라

야고보서 5:15

예수께서 이르시되 딸아 네 믿음이
너를 구원하였으니 평안히 가라
네 병에서 놓여 건강할지어다

마가복음 5:34

세상을 이긴다

무릇 하나님께로부터 난 자마다
세상을 이기느니라
세상을 이기는 승리는 이것이니
우리의 믿음이니라

요한일서 5:4

그들은 믿음으로 나라들을 이기기도 하며
의를 행하기도 하며 약속을 받기도 하며
사자들의 입을 막기도 하며

히브리서 11:33

살아있는 믿음

영혼 없는 몸이 죽은 것같이
행함이 없는 믿음은 죽은 것이니라

야고보서 2:26

네가 보거니와 믿음이
그의 행함과 함께 일하고
행함으로 믿음이 온전하게 되었느니라

야고보서 2:22

마음을 다해 드리는 기도

✦

하나님 아버지,
은혜로 인해 믿음으로
구원을 얻게 하셨음을 감사합니다.
믿음이 하나님에 대한 전적인 신뢰라는 것을
알게 하시니 감사합니다. 믿음으로 병이 낫고,
믿음으로 하나님이 하시는 일을
경험하기를 소원합니다.
어떤 시련과 유혹에도 오직 예수 그리스도만
의지하며 따르기 원합니다.
예수님의 이름으로 기도합니다.
아멘.

 짧은 글 깊은 묵상

하나님은 우리와 친밀한 교제를 넘어서서 완전히 연합하는 관계에 들어가기를 원하신다. 예수님과 연합하고 예수님 안에 친밀하게 거할 때 우리 삶은 과실을 많이 맺게 된다.   − **강준민 목사**

인간의 불순종으로 죄가 이 세상에 들어온 후

하나님은 예수님을 보내 나를 구원하기로 하셨습니다.

때가 차매 예수님이 세상에 오셔서 십자가에서 죽으시고

삼일 만에 부활하셨습니다.

그리고 예수님은 우리에게 평안과 영생을 주셨습니다.

이미 예수님을 구주로 영접했겠지만,

다시 한 번 영접기도문을 따라 읽고 기도함으로써

더욱더 구원의 확신에 거하시길 바랍니다.

하나님 아버지, 저는 죄인입니다.

저의 죄를 회개하오니 용서하여 주십시오.

예수님께서 저의 죄 때문에 십자가에서 죽으시고

부활하신 것을 믿습니다.

지금 이 시간 제 마음에 들어오셔서

저의 구원자와 주님이 되어 주십시오.

예수님의 이름으로 기도합니다.

아멘.

주기도문은 예수님이 가르쳐 주신 기도로서 기도의 모범입니다.
주기도문을 쓰면서 그 깊은 의미를 마음에 새기기를 바랍니다.

●

주기도문 (개역개정)

하늘에 계신 우리 아버지여,

이름이 거룩히 여김을 받으시오며, 나라가 임하시오며,

뜻이 하늘에서 이루어진 것같이 땅에서도 이루어지이다.

오늘 우리에게 일용할 양식을 주시옵고,

우리가 우리에게 죄 지은 자를 사하여 준 것같이

우리 죄를 사하여 주시옵고,

우리를 시험에 들게 하지 마시옵고,

다만 악에서 구하시옵소서.

(나라와 권세와 영광이 아버지께 영원히 있사옵나이다. 아멘.)

－마태복음 6:9-13

●

주기도문 (새번역)

하늘에 계신 우리 아버지,

아버지의 이름을 거룩하게 하시며,

아버지의 나라가 오게 하시며,

아버지의 뜻이 하늘에서와 같이 땅에서도 이루어지게 하소서.

오늘 우리에게 일용할 양식을 주시고,

우리가 우리에게 잘못한 사람을 용서하여 준 것같이

우리 죄를 용서하여 주시고,

우리를 시험에 빠지지 않게 하시고, 악에서 구하소서.

나라와 권능과 영광이 영원히 아버지의 것입니다.

아멘.

그들이 이제는 더 나은 본향을 사모하니
곧 하늘에 있는 것이라 이러므로
하나님이 그들의 하나님이라
일컬음 받으심을 부끄러워하지 아니하시고
그들을 위하여 한 성을 예비하셨느니라

히브리서 11:16

• 좋아하는 색으로 풍경을 칠해 보세요.